ALGUNS CONCEITOS
DE
DIREITO ADMINISTRATIVO

FERNANDO ALVES CORREIA
Professor da Faculdade
de Direito da Universidade de Coimbra

ALGUNS CONCEITOS
DE
DIREITO ADMINISTRATIVO

ALMEDINA

TÍTULO:	ALGUNS CONCEITOS DE DIREITO ADMINISTRATIVO
AUTOR:	FERNANDO ALVES CORREIA
EDITOR:	LIVRARIA ALMEDINA – COIMBRA www.almedina.net
DISTRIBUIDORES:	LIVRARIA ALMEDINA ARCO DE ALMEDINA, 15 TELEF.239 851900 FAX. 239 851901 3004-509 COIMBRA – PORTUGAL LIVRARIA ALMEDINA – PORTO R. DE CEUTA, 79 TELEF. 22 2059773 FAX. 22 2039497 4050-191 PORTO – PORTUGAL EDIÇÕES GLOBO, LDA. RUA S. FILIPE NERY, 37-A (AO RATO) TELEF. 21 3857619 FAX: 21 3844661 1250-225 LISBOA – PORTUGAL LIVRARIA ALMEDINA ATRIUM SALDANHA LOJA 31 PRAÇA DUQUE DE SALDANHA, 1 TELEF. 21 371269/0 atrium@almedina.net LIVRARIA ALMEDINA – BRAGA CAMPOS DE GUALTAR UNIVERSIDADE DO MINHO 4700-320 BRAGA TELEF. 253 678 822 braga@almedina.net LIVRARIA ALMEDINA – BRAGA CAMPOS DE GUALTAR UNIVERSIDADE DO MINHO 4700-320 BRAGA TELEF. 253 678 822 braga@almedina.net
EXECUÇÃO GRÁFICA:	G.C. – GRÁFICA DE COIMBRA, LDA. PALHEIRA – ASSAFARGE 3001-453 COIMBRA Email: producao@graficadecoimbra.pt NOVEMBRO, 2001
DEPÓSITO LEGAL:	171933/01
	Toda a reprodução desta obra, seja por fotocópia ou outro qualquer processo, sem prévia autorização escrita do Editor, é ilícita e passível de procedimento judicial contra o infractor

Nota Prévia

No período de Outubro de 1993 a Julho de 1998, fomos elaborando, de acordo com as nossas disponibilidades de tempo, a solicitação da Editorial Verbo, S.A., alguns artigos sobre temas de Direito Administrativo, com vista à sua publicação na Verbo – Enciclopédia Luso – Brasileira de Cultura (Edição Século XXI).

Tais artigos foram elaborados em momentos diferentes, tendo quase todos sido concluídos (com excepção dos dois últimos, precisamente os que versam sobre "Funcionário" e "Garantias dos Administrados") antes da entrada em vigor da Quarta Revisão Constitucional (Lei Constitucional n.º 1/97, de 20 de Setembro). Além disso, a Editorial Verbo, S.A., exigiu que os mesmos tivessem uma extensão muito limitada (foi inclusive fixado para cada um deles um número máximo muito apertado de linhas), tendo, por isso, os referidos artigos sido escritos em estilo muito sintético e enxuto.

Apesar disso, entendemos que eles poderão ter alguma utilidade para os alunos de Direito Administrativo da licenciatura em direito da Faculdade de Direito da Universidade de Coimbra, pelo que, depois de obtida a necessária anuência da Editorial Verbo, S.A., decidimos reuni-los numa pequena publicação autónoma.

Coimbra, Setembro de 1998

F. Alves Correia

Nota Prévia à 2.ª Edição

Esgotada a 1.ª edição de "Alguns Conceitos de Direito Administrativo", é dada agora à estampa a 2.ª edição, a qual congrega, para além dos nove artigos oportunamente escritos para publicação na Verbo – Enciclopédia Luso-Brasileira de Cultura (Edição Século XXI), incluídos na 1.ª edição, um novo artigo sobre *Município*, elaborado, tal como os anteriores, em estilo concentrado, em Julho de 2001, para a mesma Enciclopédia.

Fora esta novidade, traduzida na inserção do artigo sobre *Município*, a 2.ª edição de "Alguns Conceitos de Direito Administrivo" mantém as características fundamentais e o objectivo essencial da publicação originária.

Coimbra, Setembro de 2001

F. Alves Correia

ACTO ADMINISTRATIVO

O A.A., cujo conceito ainda hoje é objecto de controvérsia, é a declaração unilateral e autoritária, relativa a um caso concreto, dimanada de um órgão da Administração, no exercício da função administrativa, com vista à produção de efeitos jurídicos externos, positivos ou negativos. De acordo com esta definição – que não coincide com a fornecida pelo art. 120.º do CPA –, são elementos essenciais do conceito de A.A.: a unilateralidade da declaração, isto é, a independência do concurso da vontade de outros sujeitos, designadamente dos particulares, e, bem assim, a sua imperatividade; a incidência da declaração sobre um caso ou hipótese determinada, concreta ou particular, ainda que dirigida a uma pluralidade de pessoas não determinadas, nem determináveis (A.A. **geral**); a proveniência da declaração de um órgão da Administração, ou seja, a sua imputação a um sujeito de Direito Administrativo (elemento **subjectivo ou orgânico** do conceito de A.A.), excluindo-se, assim, do conceito os actos dos órgãos legislativos, jurisdicionais e políticos; o enquadramento da declaração do órgão da Administração no domínio da função administrativa (aspecto **material** ou **substancial** do conceito de A.A.), não se incluindo, por isso, na noção os actos regulados pelo direito privado e os actos materialmente legislativos e políticos praticados por órgãos administrativos; e a produção de efeitos jurídicos no ordenamento geral (donde resulta a eliminação dos **actos internos**), através da constituição, modificação ou extinção de relações intersubjectivas ou da afectação da situação jurídica de uma coisa (**acto positivo**) ou da

10 Alguns Conceitos de Direito Administrativo

recusa (expressa ou tácita) de alteração das situações jurídicas existentes (**acto negativo**).

A expressão A.A. surgiu, nos países que fazem parte do sistema latino-germânico de administração executiva, no início do séc. XIX, com o significado de todo e qualquer acto do poder executivo. A construção e o aperfeiçoamento do conceito de A.A. – teleologicamente orientados no sentido de extrair da pluralidade de actos da administração os actos jurídicos passíveis de recurso contencioso – acompanharam o aparecimento e a evolução do "Estado de direito", surgido na sequência das revoluções liberais. O A.A. é, por isso, o ponto de encontro de três princípios fundamentais historicamente ligados à ideia de "Estado de direito": o da separação de poderes, o da legalidade da actividade administrativa e o da accionabilidade. Hoje, com o aprofundamento do "Estado de direito" ("Estado social de direito", "Estado de direito democrático"), o A.A. aparece circundado de um conjunto de **direitos e garantias** em benefício do cidadão (art. 266.º. ss. da CRP e 52.º ss. do CPA), nos quais se incluem: a garantia da participação no procedimento de formação do A.A.; o direito à informação sobre o andamento dos processos administrativos; o direito à notificação dos A.A.; o direito à fundamentação expressa dos A.A. que afectem direitos ou interesses legalmente protegidos; e o direito a recurso contencioso, com fundamento em ilegalidade, contra quaisquer A.A. que lesem direitos ou interesses legalmente protegidos.

A classificação mais importante dos A.A. é a que atende ao seu conteúdo típico ou aos seus efeitos jurídicos. De acordo com este critério, distingue-se entre actos que influem sobre um **status** (v.g. admissões), actos que desencadeiam benefícios para terceiros (v.g. autorizações), actos que provocam situações de desvantagem (v.g. ordens) e actos que operam sobre A.A. precedentes ou actos de 2.º grau (v.g. revogações).

Acto Administrativo 11

A violação pelo A.A. de uma norma jurídica ou dos princípios da juridicidade (igualdade, proporcionalidade, justiça e imparcialidade) origina a sua invalidade (**nulidade ou anulabilidade**), ficando aberta a possibilidade da sua impugnação contenciosa – impugnação esta que hoje tende a ser alargada aos actos materialmente administrativos emanados de órgãos não administrativos do Estado. O art. 268.º, n.º 4, da CRP (versão de 1989) eliminou a definitividade e a executoriedade como dimensões imprescindíveis do acto contenciosamente impugnável, fazendo recair directamente a recorribilidade jurisdicional do A.A. na circunstância de ele lesar os direitos ou interesses legalmente protegidos dos cidadãos.

Bibl. R. Ehrhardt Soares, **Direito Administrativo**; D. Freitas do Amaral, **Direito Administrativo,** Vol. III; M.S. Giannini, **Atto Amministrativo,** em Enc. del Diritto, Vol. IV; M. Stassinopoulos, **Traité des Actes Administratifs;** A. Sandulli, **Manuale di Diritto Amministrativo;**E. García de Enterría/T.-Ramón Fernández, **Curso de Derecho Administrativo;** J.Rivero, **Droit Administratif;** H.-U. Erichsen/W. Martens, **Allgemeines Verwaltungsrecht.**

Administração Pública

A expressão A.P. é utilizada com uma pluralidade de sentidos: **material ou objectivo, orgânico ou subjectivo e formal**. No primeiro sentido, é sinónima de "função administrativa" e significa a actividade desenvolvida pelos órgãos administrativos do Estado e das Regiões Autónomas e pelos órgãos das restantes pessoas colectivas públicas, traduzida, em geral, na utilização de meios para a satisfação de necessidades colectivas, definidas previamente pelo legislador; no segundo, é o conjunto dos órgãos administrativos do Estado e das Regiões Autónomas e, bem assim, a totalidade dos órgãos dos demais entes públicos (cf. art. 2.º, n.º 2, do CPA); no terceiro, designa o modo particular de actuação daqueles órgãos, espelhado na prática de actos – os actos administrativos e os regulamentos – dotados de um valor formal e de uma força jurídica especial. O conceito de A.P. em sentido objectivo pressupõe a possibilidade de uma distinção material, no acervo das funções do Estado, da função administrativa em face das funções legislativa, jurisdicional e política. A A.P. em sentido subjectivo implica a individualização, no interior do ente público Estado, de órgãos concebidos para o desempenho da função administrativa, a par de órgãos pensados e estruturados para o exercício da função legislativa, da função jurisdicional e da função política – individualização que é desnecessária nos demais entes públicos, cujos órgãos, com excepção dos das Regiões Autónomas, exercem somente a função administrativa. Hoje, a rigidez do princípio da separação de poderes aparece temperada pelos princípios da interdependência e colaboração entre poderes (art. 114.º da CRP), pelo que cada órgão do Estado não desempenha apenas a função para que foi idealizado. O resultado deste fenómeno é a falta de correspondência entre os conceitos de A.P. em sentido orgânico e em sentido material, havendo órgãos administrativos do Estado que exercem funções não administrativas (v.g. o Governo, que exerce, simultaneamente, funções políticas, legislativas e administrativas: art. 200.º-202.º da CRP) e órgãos não administrativos do Estado que desempenham, ainda que acessoriamente, funções substancialmente administrativas.

A existência de um aparelho administrativo ou de uma estrutura de serviços, ainda que de carácter elementar, para a prossecução de interesses colectivos pode ser observada em todas as sociedades minimamente organizadas, mesmo as mais remotas. Mas o conceito jurídico de A.P. só surgirá, nos países que fazem parte do sistema latino-germânico de administração executiva, com a consagração, nas Constituições emergentes das revoluções liberais, do princípio da **separação de poderes** – que permitiu a individualização, no topo do Estado, de um poder especificamente estruturado para a realização da tarefa de administrar (o poder executivo), ao lado do poder legislativo e do poder judicial – e do princípio da **legalidade da Administração** (em sentido estrito), no duplo sentido de obrigação de a A.P. respeitar as leis existentes (**primado da lei**) e de só poder intervir em certas matérias (os direitos de liberdade e de propriedade) com autorização da lei (**reserva da lei**).

Sob o ponto de vista organizatório, a A.P. engloba a Administração do Estado, a Administração Regional, a Administração Local e a Administração Autónoma de base institucional (universidades) ou corporativa (associações públicas). A primeira abarca todos os órgãos e serviços integrados na pessoa colectiva Estado, hierarquicamente dependentes do Governo e sujeitos ao poder de direcção deste (administração directa do Estado), quer se localizem na capital do país e estendam a sua competência a todo o território nacional (administração concentrada do Estado), quer se situem em vários pontos do território nacional e tenham a sua competência restringida a determinada circunscrição (administração desconcentrada do Estado), bem como uma pluralidade de entes públicos que realizam, com autonomia administrativa e financeira, fins do Estado e que estão sujeitos ao poder de superintendência do Governo (administração indirecta do Estado, v.g. institutos públicos). A segunda abrange os órgãos e serviços da administração directa das Regiões Autónomas, hierarquicamente dependentes dos Governos Regionais e subordinados ao poder de direcção destes, e os entes públicos pertencentes à Administração Regional indirecta (art. 227.º ss. da CRP). A terceira é constituída pelas autarquias locais (as freguesias, os municípios e as regiões administrativas – estas últimas ainda a criar) – pessoas colectivas territoriais dotadas de órgãos representativos, que visam a prossecução de interesses próprios das populações respectivas –, que apenas estão sujeitas à tutela administrativa do Governo [art. 202.º, al. d), e 237.º ss. da CRP].

À A.P. – que, no actual "Estado social de direito", se apresenta como **Administração constitutiva ou conformadora** da sociedade – dedica a CRP o Título IX (art. 266.º-272.º). Aí estão plasmados, entre outros: o princípio de obrigatoriedade da prossecução pela A.P. do interesse público, no respeito pelos direitos e interesses legalmente protegidos dos cidadãos (art. 266.º, n.º1), bem como os princípios da constitucionalidade, da legalidade (**em sentido amplo**, isto é, a A.P. não só não pode actuar contra a lei, como só pode actuar com base na lei ou mediante autorização dela) e da juridicidade (princípios da igualdade, proporcionalidade, justiça e impar-

16 *Alguns Conceitos de Direito Administrativo*

cialidade) da A.P. (art. 266.º, n.º 2.º); os princípios relativos à estrutura da A.P. [a não burocratização, a aproximação dos serviços das populações e a participação dos interessados na gestão efectiva dos serviços administrativos [art. 267.º, n.º 1), e, bem assim, a descentralização administrativa (a transferência de atribuições do Estado para a administração local e para as administrações autónomas de carácter institucional e corporativo) e a desconcentração administrativa (deslocação de competências, no âmbito da administração directa do Estado, dos órgãos centrais para os locais), sem prejuízo da eficácia e unidade de acção da A.P. (art. 267.º, n.º 2)]; e o catálogo dos direitos e garantias do administrado: o direito de informação sobre o andamento de processos em que seja interessado, o direito de acesso aos arquivos e registos administrativos (cfr. Lei n.º 65/93, de 26 de Ag.), o direito à notificação dos A.A., o direito à fundamentação expressa dos A.A. que afectem os seus direitos ou interesses legalmente protegidos, o direito de recurso contencioso, com fundamento em ilegalidade, contra quaisquer A.A. que lesem aqueles direitos e interesses e, por fim, o direito à tutela judicial dos seus direitos ou interesses legalmente protegidos (art. 268.º, n.os 1 a 5).

O procedimento de formação das decisões e deliberações dos órgãos da A.P., quando estes actuam de acordo com o direito público (as quais revestem a natureza de **regulamentos, actos administrativos ou contratos administrativos**)– sendo de assinalar que, nos nossos dias, é cada vez mais frequente a utilização de instrumentos jurídico-privados pela A.P. –, é hoje disciplinado pelo CPA (D.L. n.º 442/91, de 15 de Nov.), o qual regulamenta e desenvolve vários dos princípios constitucionais da A.P. acima referenciados.

Bibl. A.R. Queiró, **Lições de Direito Administrativo**, Vol. I; D. Freitas do Amaral, **Curso de Direito Administra-**

Administração Pública

tivo, Vol. I; M.S. Giannini/G.Zanobini, **Amministrazione Pubblica**, em Enc. del Diritto, Vol. II; A. Sandulli, **Manuale di Diritto Amministrativo**; E. García de Enterría/T.-Ramón Fernández, **Curso de Derecho Administrativo;** J. Rivero, **Droit Administratif**; H.-U. Erichsen/W. Martens, **Allgemeines Verwaltungsrecht.**

Associação

O termo ***associação*** designa uma espécie do género "corporações", isto é, de entidades colectivas constituídas por um conjunto de pessoas com vista à prossecução de um interesse comum (devendo, porém, notar-se que não são ignoradas pelo ordenamento jurídico português as "associações sem personalidade jurídica": cf. art. 195.º a 198.º do Código Civil). É o carácter ***pessoal*** do substracto das A. que as distingue das ***fundações,*** as quais, sendo constituídas por massas de bens (a chamada "dotação"), têm como substracto um elemento ***patrimonial***.

As A. distinguem-se das ***sociedades*** – que são igualmente uma modalidade de "corporações", ou seja, de pessoas colectivas de substracto pessoal – pela natureza do respectivo escopo. Enquanto as primeiras não têm como fim a obtenção de lucros para distribuir pelos associados, as segundas têm como escopo o exercício de uma actividade económica, que não seja de mera fruição, a fim de repartirem pelos sócios os lucros resultantes dessa actividade (cf. art. 980.º do C.C.).

A figura jurídica da A. é comum ao direito privado e ao direito público, aparecendo-nos, por isso, A. privadas e A. públicas. As primeiras estão sujeitas exclusivamente a normas jurídico-privadas (são regidas essencialmente pelos artigos 167.º a 184.º do C.C.), devendo o ***acto de constituição*** e os ***estatutos*** – os dois elementos fundamentais da formação do substracto das A. e cujo conteúdo mínimo é indicado no artigo 167.º do C.C. – constar de escritura pública. Em conformidade com o princípio constitucional da liberdade de A., a aquisição da personalidade jurídica pelas A. privadas não depende, desde o Decreto-Lei n.º 594/74, de 7 de Novembro, de qualquer concessão ou apreciação discricionária da autoridade pública, mas apenas da celebração da escritura pública, com as especificações referidas no n.º 1 do artigo 167.º do Código Civil (cf. art. 158.º, n.º 1, do C.C.), sendo a intervenção do notário estritamente pautada por critérios de legalidade, não comportando qualquer juízo de oportunidade (é o denominado *reconhecimento normativo condicionado*). Dentro das A. privadas é tradicional a distinção entre A. de fim desinteressado ou altruístico, nas quais os associados pretendem promover certos interesses de outras pessoas, que são os beneficiários (v.g. associações de beneficência e associações humanitárias), e A. de fim interessado ou egoístico, cujo escopo é a satisfação de um interesse dos próprios associados, podendo aquele ser ideal (v.g. associações recreativas e culturais) ou económico não lucrativo (v.g. associações de socorros mútuos, caixas de crédito agrícola, associações sindicais, associações patronais, etc.).

O direito de A. tem o seu campo especial de aplicação no âmbito das A. privadas. Recusado no despontar do liberalismo, em virtude da orientação individualista dominante, o direito de A. é hoje reconhecido como um direito e liberdade fundamental pela generalidade das Constituições, na senda, aliás, de vários documentos internacionais relativos a direitos fundamentais: Declaração Universal dos Direitos do Homem (art. 20.º), Pacto Internacional de Direitos Civis e Políticos (art. 22.º, n.º 1) e Convenção Europeia dos Direitos do Homem (art. 11.º, n.º 1). Entre nós, o direito de A. encontra-se plasmado no artigo 46.º da CRP de 1976 (versão originária), como expressão da liberdade de organização colectiva dos cidadãos. O direito de A. é um direito complexo, que comporta várias dimensões: uma dimensão *instrumental*, uma

Associação 21

dimensão **individual** e uma dimensão **institucional**. A primeira diz respeito ao reconhecimento do direito de A., não como fim em si mesmo, mas como meio ou instrumento para a prossecução de diversos fins, a atingir colectiva e organizadamente. A segunda refere-se directamente aos direitos dos cidadãos e desdobra-se numa componente **positiva** (o direito individual dos cidadãos de constituírem livremente associações, bem como o direito de se inscreverem em associações já constituídas) e numa componente **negativa** (o direito do cidadão de não ser coagido a integrar associações, bem como o direito de abandonar aquelas de que faz parte). A terceira tem a ver com a própria associação e analisa-se numa vertente **interna** (o direito de auto-organização da associação, o direito de livre constituição dos seus órgãos e o direito de livre formação da sua vontade) e numa vertente **externa** (o direito de a associação prosseguir livremente a sua vontade, dentro dos limites constitucionais e legais).

As A. públicas são pessoas colectivas constituídas para assegurar a prossecução de determinados interesses públicos pertencentes a um grupo de pessoas (singulares ou colectivas), que gozam de certos poderes jurídico-administrativos e que estão sujeitas a especiais restrições de carácter público. Aquelas podem reunir um conjunto de entidades públicas (v.g. associações e federações de municípios e regiões de turismo), de entidades privadas (v.g. **ordens e câmaras** profissionais e academias científicas), de entidades públicas e privadas (v.g. centros tecnológicos) e podem agrupar unicamente pessoas singulares (v.g. **ordens e câmaras** profissionais), somente pessoas colectivas (v.g. associações e federações de municípios) ou umas e outras. No contexto das A. públicas, merecem destaque as "ordens profissionais" (v.g. Ordem dos Advogados, Ordem dos Médicos, Ordem dos Engenheiros, etc.), que são associações formadas pelos membros de certas

22 *Alguns Conceitos de Direito Administrativo*

profissões de interesse público com o fim de, por devolução de poderes do Estado, regular e disciplinar o exercício da respectiva actividade profissional. Trata-se de associações de inscrição obrigatória de todos os pertencentes a um grupo profissional, dotadas de competência para exigir dos seus membros as cotizações indispensáveis ao seu funcionamento e a participação na sua vida interna e que dispõem dos poderes de autoridade indispensáveis para assegurar a direcção e a disciplina de uma actividade reconhecida de interesse público.

Na primeira revisão da CRP de 1976 (1982), as A. públicas adquiriram relevo constitucional, tendo sido submetidas pela Lei Fundamental aos seguintes princípios: o princípio da *excepcionalidade* (a criação de A. públicas só é permitida quando tal for necessário para a satisfação de uma finalidade pública determinada), o princípio da *especificidade* (as A. públicas só podem ser constituídas para a realização de fins específicos), o princípio da *não concorrência com os sindicatos* (as A. públicas não podem exercer funções sindicais) e o princípio da *democracia interna* (a organização interna da A. pública deve basear-se no respeito dos direitos dos seus membros e na formação democrática dos seus órgãos) – cf. art. 267.°, n.os 1 e 3, da CRP. As A. públicas constituem matéria incluída na reserva relativa de competência legislativa da Assembleia da República [cfr. art. 168.°, n.° 1, al. u), da CRP].

Bibl. M. Andrade, *Teoria Geral da Relação Jurídica,* Vol. I; C. Mota Pinto, *Teoria Geral do Direito Civil;* D. Freitas do Amaral, *Curso de Direito Administrativo*, Vol. I; Jorge Miranda, *As Associações Públicas no Direito Português*; G. Miele, *Associazione (Diritto di),* em Enc. del Diritto, Vol. III; Ch. Debbasch/J. Bourdon, *Les Associations*; K. Larenz, *Derecho Civil (Parte General*), trad. alem..

CENTRALIZAÇÃO

O vocábulo *centralização* é utilizado sobretudo na expressão "centralização administrativa". Designa um sistema de organização administrativa, que, na sua forma mais rigorosa, significa que a totalidade da função ou da actividade administrativa é realizada pelo Estado, através dos seus órgãos administrativos, o mesmo é dizer pelo Governo e pelos órgãos e serviços dele dependentes. Numa linguagem menos rigorosa, a locução c. administrativa aplica-se também ao sistema administrativo, no qual o Estado reconhece a existência de outras pessoas colectivas territoriais, designadamente as autarquias locais, a quem cabe a prossecução de interesses próprios das populações respectivas, mas em que os seus órgãos são livremente nomeados pelo Governo, dispõem de um núcleo restrito de atribuições, não usufruem de autonomia financeira (património e finanças próprios) e estão sujeitas a formas particularmente apertadas de tutela administrativa, nelas se incluindo uma asfixiante tutela de mérito.

A c. administrativa – cujo conceito se aproxima do de administração directa do Estado – manifesta-se na *administração concentrada do Estado* e na *administração desconcentrada do Estado*. A primeira expressa um modelo organizatório, no qual o órgão que constitui o topo da hierarquia – o Governo no seu conjunto e os ministros individualmente – detém toda a competência decisória, ficando reservadas aos órgãos e serviços subordinados apenas as tarefas de preparação e execução das decisões daquele. A segunda traduz um tipo organizatório, em que uma parcela maior ou menor de pode-

24 *Alguns Conceitos de Direito Administrativo*

res de decisão são repartidos entre o órgão colocado no vértice da pirâmide hierárquica e os órgãos subordinados. Esta repartição pode decorrer directamente da lei (*desconcentração originária*) ou resultar de um acto de *delegação de poderes* ou de *competências,* emitido pelo órgão superior, com base em previsão legal (*desconcentração derivada*).

A *desconcentração* configura-se como *desconcentração vertical,* quando a partilha de competências decisórias se verifica em benefício dos órgãos e serviços locais ou periféricos, espalhados pelas várias circunscrições em que se divide o território nacional (v.g. serviços regionais dos ministérios: a eficácia da acção administrativa exigirá que a "regionalização" dos serviços dos diferentes ministérios tenha como base as mesmas unidades territoriais e que a direcção e coordenação desses serviços regionais sejam cometidas à mesma entidade), os quais estão sujeitos, no entanto, à direcção e supervisão do órgão colocado no topo da hierarquia administrativa [cfr. art. 202.º, al. d), CRP]. Apresenta-se como *desconcentração horizontal*, quando o destinatário da repartição de competências é um órgão central, como sucede, por exemplo, com a partilha, dentro dos ministérios, dos poderes decisórios por diversos directores-gerais.

A c. administrativa define apenas um princípio ou uma tendência que rege a organização da administração, a qual, em alguns Estados e em determinadas épocas históricas, obteve uma concretização mais ou menos aproximada, mas que nunca foi integralmente realizada. No activo daquele modelo organizatório, incluem-se os valores da unidade da acção administrativa, da perfeição técnica das decisões, da imparcialidade decisória e do prestígio das decisões. A necessidade de combater a hipertrofia e o gigantismo do Estado, a burocratização da administração e a ineficiência da actividade administrativa, bem como a conveniência de aproximar os serviços

Centralização 25

das populações, respeitar os interesses das comunidades locais e as liberdades locais e estimular a participação dos cidadãos na tomada das decisões administrativas impuseram não apenas o desenvolvimento da *desconcentração* administrativa, mas também o reconhecimento da *descentralização* administrativa. Daí que, actualmente, nos diferentes Estados, coexistam *várias formas* de organização administrativa: centralização (concentração/desconcentração) e descentralização (que costuma ser subdividida em *institucional, territorial e corporativa ou associativa).* A discussão que se trava hodiernamente no domínio da organização administrativa do Estado não tem como objecto a opção entre dois arquétipos ou modelos opostos (centralização/descentralização), mas antes a procura do âmbito ideal de cada uma dessas *formas* organizativas, nomeadamente de quais as tarefas que devem ser realizadas pelos órgãos e serviços da administração directa do Estado (concentrados e desconcentrados), pelos entes públicos que constituem a administração indirecta do Estado (v.g. institutos públicos), pela administração local e pelas administrações autónomas de carácter institucional (universidades) ou corporativo (associações públicas).

A existência de uma *pluralidade de formas* de organização da A.P., no nosso país, resulta de vários preceitos constitucionais [v.g. art. 6.º, 202.º, al. d), 227.º. ss., 237.º ss. e 267.º CRP].

Bibl. A R. Queiró, *Descentralização,* em Dic. Jur. da Adm. Pública, Vol. III, e *Desconcentração*, ibidem; J. Baptista Machado, *Participação e Descentralização, Democratização* e *Neutralidade na Constituição de 76;* D. Freitas do Amaral, *Curso de Direito Administrativo,* Vol. I; J. Rivero, *Droit Administratif*; M.S. Giannini, *Diritto Amministrativo*, Vol. I; R. Entrena Cuesta, *Curso de Derecho Administrativo*, Vol. I/2; E. Forsthoff, *Lehrbuch des Verwaltungsrechts.*

DIREITO ADMINISTRATIVO

O D.A. é o sistema de normas jurídicas, distintas das do direito privado, que regulam a organização e o funcionamento da Administração Pública e, bem assim, a função ou a actividade materialmente administrativa dos órgãos administrativos. O D.A. é um "sistema de normas jurídicas", na medida em que se apresenta como um conjunto de normas dotadas de uma lógica interna, inspiradas por princípios comuns e que constituem algo de homogéneo e de específico. Caracteriza-se como um sistema de normas jurídicas, "distintas das do direito privado", uma vez que se trata de um corpo de normas de direito público, cujos princípios, conceitos e institutos se afastam dos do direito privado. As especificidades das normas de D.A. em relação às do direito privado manifestam-se ora no reconhecimento à Administração Pública de prerrogativas sem equivalente nas relações jurídico-privadas, ora na imposição à sua liberdade de acção de limitações mais estritas do que as que atingem os particulares e encontram a sua razão de ser na necessidade de elas traduzirem a procura permanente de um equilíbrio entre as exigências da acção administrativa, na prossecução do interesse público, e as exigências do respeito pelos direitos e interesses legítimos dos cidadãos (cfr. art. 266.º CRP).

As normas de D.A. disciplinam a organização e o funcionamento da Administração Pública, definindo os entes públicos que a compõem e as atribuições destes, os respectivos órgãos e competências e a estrutura dos serviços públicos, bem como o seu modo de agir específico, e regulam a função ou a

28 Alguns Conceitos de Direito Administrativo

actividade materialmente administrativa dos órgãos administrativos (ficando, por isso, de fora os actos regulados pelo direito privado e os actos materialmente políticos e legislativos praticados por órgãos administrativos).

Só com o surgimento do **Estado de direito** e o acolhimento, nas Constituições emergentes das revoluções liberais, dos princípios da **separação dos poderes** e da **legalidade da Administração** e, posteriormente, da **accionabilidade** dos actos administrativos é que pode falar-se, nos países que fazem parte do sistema latino-germânico de administração executiva, em D.A.. De facto, no período do Estado de Polícia, a Administração Pública não estava subordinada a normas jurídicas, mas somente a regras de cariz marcadamente unilateral, as quais tinham como destinatários apenas os funcionários e não podiam ser invocadas pelos particulares em face da Administração Pública.

O D.A., como sistema de normas jurídicas, que se desviam, nos seus traços essenciais, das do direito privado, não é, mesmo nos países que pertencem ao sistema de regime administrativo ou de administração executiva (só referimos estes, porque, nos países cujo sistema jurídico é de influência anglo-saxónica, com especial destaque para a Grã-Bretanha e os E.U.A., vigora ainda, em linhas gerais, o sistema da **administração judiciária,** caracterizado por a Administração Pública se reger essencialmente pelo direito privado e ser controlada pelos tribunais comuns), o único direito aplicável à Administração Pública: esta também utiliza, frequentemente, no domínio da sua organização e actividade, instrumentos jurídico-privados.

O D.A. abrange **três tipos** de normas jurídicas: **orgânicas, funcionais e relacionais**. As primeiras disciplinam a estrutura organizatória da Administração Pública, definindo as pessoas colectivas públicas que a integram, as atribuições destas, os

Direito Administrativo 29

respectivos órgãos e competências e os serviços que dela fazem parte. As apontadas em segundo lugar regulam o modo de agir específico da Administração Pública, estabelecendo, designadamente, o procedimento geral e os procedimentos especiais dos órgãos da Administração Pública no desempenho da função administrativa. Umas e outras são verdadeiras normas jurídicas, de eficácia externa, invocáveis pelos cidadãos contra a Administração Pública, e não normas puramente internas, das quais não resultam direitos ou deveres para a Administração Pública e os particulares, como sucedia no Estado de Polícia. As referidas em último lugar regulam as relações entre a Administração Pública e os particulares ou entre sujeitos de direito público no desempenho da função ou da actividade materialmente administrativa.

O D.A. apresenta como *traços específicos*: a sua *juventude*, no sentido de se tratar de um direito recente, que nasceu com as revoluções liberais, *maxime* com a Revolução Francesa, sobretudo a partir das reformas introduzidas no Ano VIII por Napoleão Bonaparte, em contraste com o direito civil, que é herdeiro de uma tradição milenária, com origem no Direito Romano; a sua influência *jurisprudencial*, com o significado de que muitos dos seus princípios, conceitos e institutos foram e vêm sendo elaborados e sedimentados pelos tribunais administrativos (nota esta que vale sobretudo para o D.A. francês, mas tem escasso significado no D.A. português); a sua *autonomia,* a significar que é um ramo *autónomo* do direito, diferente dos restantes pelo seu objecto e pelo seu método, pelo espírito que domina as suas normas e pelos princípios gerais que as informam; e a sua *codificação limitada*, isto é, a inexistência, por inexequível, de uma *codificação global* da totalidade das normas de D.A. e, bem assim, por inoportuna, de uma *codificação geral* do D.A., contendo a ordenação sistemática da chamada "parte geral" do D.A. ou do "direito administrativo geral" [existe apenas, entre nós, uma **codificação parcial**, que abrange um capítulo determinado ou um domínio parcial do direito administrativo geral, que é o "Código do Procedimento Administrativo", e algumas "codificações especiais", que reunem, organizam e sistematizam todas as normas legislativas respeitantes a certas matérias, quando concebidas para terem uma certa estabilidade, como, por exemplo, os "Códigos dos Registos" (Civil, Predial e Comercial), o "Código do Notariado", os "Códigos" fiscais, o "Código das Expropriações" e o tradicionalmente denominado "Código Administrativo" (actualmente revogado em grande parte do seu articulado), que contém as normas legais respeitantes à administração local].

O D.A., enquanto ciência que tem como objecto a elaboração dogmática e a exposição sistemática do sector ou fracção da ordem jurídica que disciplina a Administração Pública, costuma dividir-se em D.A. **geral** e D.A. **especial**. O primeiro inclui o estudo das normas fundamentais deste ramo do direito, os seus conceitos basilares e os seus princípios gerais e versa matérias como as da relação entre a Administração e o Direito, a organização administrativa, a actividade administrativa (regulamentos, actos administrativos e contratos administrativos) e os direitos e garantias dos cidadãos perante a Administração Pública. O segundo incide sobre matérias que dizem respeito a sectores específicos do D.A. (v.g. o direito administrativo da economia, o direito administrativo cultural, o direito administrativo militar, o direito do ordenamento do território e do urbanismo, o direito das telecomunicações, o direito administrativo social, o direito administrativo do ambiente, o direito administrativo da água e o direito financeiro). Algumas partes do D.A. especial têm vindo, nos últimos anos, a ser desanexadas da disciplina de D.A., adquirindo **autonomia didáctica** nos **curricula** das Faculdades de Direito

Direito Administrativo 31

(v.g. o Direito do Ordenamento do Território e do Urbanismo, · o Direito do Ambiente e o Direito da Economia).

A par da ciência do D.A., que estuda a Administração Pública sob o ângulo jurídico, outra disciplina científica se debruça sobre aquela: a *ciência da administração*, ciência interdisciplinar, cujos precedentes históricos entroncam nas "ciências camerais" ou "cameralistas" da época do Estado de Polícia, a qual tem por objecto o estudo e a análise dos aspectos organizatórios, técnicos e humanos da Administração Pública, com vista à melhoria da sua organização, à racionalização do seu funcionamento e ao aumento da sua eficácia.

Bibl. A.R.Queiró, *Lições de Direito Administrativo,* Vol. I; D. Freitas do Amaral, *Curso de Direito Administrativo,* Vol. I, e *Direito Administrativo,* em Dic. Jur. da Adm. Pública, Vol. IV; M.S. Giannini, *Diritto Amministrativo,* em Enc. del Diritto, Vol. XII, e *Diritto Amministrativo,* Vol. I; E. García de Enterría/T.-Ramón Fernandez, *Curso de Derecho Administrativo,* Vol. I; J. Rivero, *Droit Administratif*; P. Weil, *Le Droit Administratif*; E. Forsthoff, *Lehrbuch des Verwaltungsrechts.*

Direito do Urbanismo

Disciplina jurídica ainda jovem, mas cuja importância vem aumentando nos últimos anos, o D.U. é o conjunto de normas e de institutos respeitantes à ocupação, uso e transformação do solo, isto é, ao complexo das intervenções e das formas de utilização deste bem (para fins de urbanização e de construção, agrícolas e florestais, de valorização e protecção da natureza, de recuperação de centros históricos, etc.). Esta noção de D.U. – que se baseia num conceito amplo de "urbanismo", como ciência que tem por objecto o território globalmente entendido, e não apenas o espaço da cidade ou da urbe (já que esta não se apresenta como uma entidade com vida própria, independente e isolada, antes sofre influências de diversos tipos do vasto território em que está inserida) – não é aceite por alguns autores, que contestam a sua excessiva amplitude. Há, por isso, quem considere que o D.U. é constituído apenas pelas normas jurídicas respeitantes ao "ordenamento racional da cidade" (seu planeamento, operações económico-administrativas a que dá lugar, regras destinadas a garantir a segurança, a salubridade e a estética das construções urbanas, etc.) ou, numa concepção um pouco mais lata, que aquele integra tão-só o conjunto de normas e princípios jurídicos que disciplinam a actuação da Administração e dos particulares com vista ao correcto ordenamento da ocupação, utilização e transformação dos solos para fins urbanísticos, isto é, para fins que excedam um aproveitamento agrícola, florestal, pecuário ou cinegético dos solos. A essência do D.U. reside na ***harmonização ou compatibilização*** entre os

34 Alguns Conceitos de Direito Administrativo

diferentes interesses implicados no uso e transformação desse bem essencial – por natureza, escasso e irreprodutível – que é o solo, sendo, por isso, constituído por normas jurídicas cuja função precípua é a *ponderação de interesses* e a *superação dos conflitos de interesses* surgidos a propósito da utilização do mesmo (ponderação que reveste uma tríplice vertente: entre interesses públicos e privados colidentes, entre interesses públicos que não são coincidentes e entre interesses privados divergentes).

O D.U. inclui vários temas ou capítulos, contando-se entre os mais importantes *o regime jurídico dos planos urbanísticos,* de âmbito supramunicipal, municipal e submunicipal [planos regionais de ordenamento do território, planos especiais de ordenamento do território e planos municipais de ordenamento do território (abrangendo estes os planos directores municipais, os planos de urbanização e os planos de pormenor)], *o direito e política de solos* (que engloba, entre o mais, o regime urbanístico do direito de propriedade privada do solo, os mecanismos de intervenção administrativa no mercado de solos urbanos e urbanizáveis e a propriedade pública de solos urbanos e urbanizáveis), *os instrumentos jurídicos de gestão urbanística* (v.g. a expropriação por utilidade pública, o loteamento e reparcelamento urbanos, o licenciamento de obras particulares e a associação da Administração com os proprietários do solo) e o *direito (administrativo) da construção,* que abrange as regras técnicas e jurídicas a que deve obedecer a construção de edifícios [não somente normas respeitantes à segurança, salubridade e estética das edificações, mas também normas que visam garantir, de acordo com os princípios do Estado de Direito social, que as habitações sejam saudáveis e apresentem os requisitos (de espaço, luminosidade, conforto, etc.) necessários para que se tornem verdadeiramente dignas do homem].

Direito Urbanismo 35

No que respeita à **natureza** do D.U., embora haja quem o considere um **ramo autónomo do direito,** a tese claramente maioritária perspectiva-o como uma **parte ou** uma **área especial do direito administrativo.** A inserção do D.U. no âmbito do direito administrativo ancora-se numa pluralidade de factores, designadamente na natureza das relações jurídicas que constituem o seu objecto, no leque de instrumentos jurídicos nele predominantes (regulamentos, actos administrativos, contratos administrativos e responsabilidade administrativa), nas garantias administrativas e contenciosas no mesmo vigentes, na sua génese e evolução históricas (de facto, as primeiras regras jurídicas do urbanismo surgiram por obra dos municípios e estenderam-se depois ao Estado, que são os sujeitos principais de direito público) e, bem assim, na finalidade das suas normas (a resolução de uma situação conflitual entre o interesse público, traduzido no ordenamento do espaço, e o interesse individual, representado no direito de propriedade privada do solo). Apesar de não revestir a natureza de um **ramo autónomo** da ciência jurídica, deve reconhecer-se ao D.U. uma **substantividade própria,** que se expressa no facto de **matizar, adaptar** e, às vezes, até **rectificar os** princípios e categorias gerais do direito administrativo.

O D.U., entendido como uma **especialidade** do direito administrativo, revela alguns **traços particulares** que o singularizam deste ramo do direito. São eles: a **complexidade** das suas fontes; a **mobilidade** das suas normas; e a natureza intrinsecamente **discriminatória** dos seus preceitos. Com a primeira expressão, quer significar-se que no D.U. aparecem conjugadas normas jurídicas de âmbito geral e regras jurídicas de âmbito local, assumindo estas (de que se destacam as constantes dos planos urbanísticos) um relevo particular. A segunda locução expressa a ideia de uma certa **infixidez ou instabilidade** das normas do D.U., a qual se manifesta não apenas na alteração frequente das normas jurídicas urbanísticas aplicáveis ao todo nacional (devido essencialmente à evolução dos problemas colocados pelo ordenamento do espaço, bem como da maneira de os resolver), mas também na **flexibilidade** dos planos urbanísticos (com efeito, estes não são documentos fechados e imutáveis, antes devem adaptar-se à evolução da realidade urbanística, através da sua *revisão ou alteração* – cfr., p. ex., os art. 19.º e 20.º do D. Lei n.º 69/90, de 2 de Março, relativos à *revisão e alteração* dos planos municipais de ordenamento do território). O terceiro traço peculiar apontado às normas do D.U. assenta no facto de elas terem como finalidade definir os destinos das diversas áreas ou zonas do território, bem como as formas e intensidades de utilização das diferentes parcelas do solo. Uma vez que o tipo e a medida de utilização do solo não podem ser os mesmos independentemente da sua localização, antes devem ser diferentes conforme as zonas em que se situarem os terrenos, as normas do D.U. revestem inexoravelmente um carácter discriminatório e são fonte de desigualdades em relação aos proprietários – ou aos titulares de outros direitos reais – dos terrenos por elas abrangidos. O carácter desigualitário das normas jurídico-urbanísticas, não obstante fazer parte da essência destas, deve ser, por força do *princípio da igualdade,* condensado nos artigos 13.º e 266.º, n.º 2, da Constituição, *eliminado* ou pelo menos *atenuado,* através da adopção pelo ordenamento jurídico de instrumentos ou mecanismos adequados, designadamente por meio de técnicas de perequação de benefícios e encargos resultantes dos planos urbanísticos.

A *autonomia didáctica* do D.U., traduzida na inserção nos *curricula* dos cursos superiores, sobretudo nos cursos de licenciatura em direito, de cadeiras anuais ou semestrais, cujo programa é constituído pelos princípios gerais e institutos fundamentais daquela área especial do direito administrativo,

Direito Urbanismo 37

tem vindo a conquistar apoios nos últimos anos, devido não apenas à significativa importância *teórica* (cite-se, p. ex., o especial interesse científico suscitado pelo plano urbanístico e os efeitos que ele provoca em alguns princípios jurídicos estruturais do nosso ordenamento jurídico, tais como o princípio da garantia constitucional do direito de propriedade privada e o princípio constitucional da igualdade) e *prática* dos temas que compõem o D.U., mas ainda devido à convicção, que tende a generalizar-se, da grande *utilidade,* se não mesmo *necessidade,* para a formação do jurista do estudo das matérias que integram aquela disciplina.

As relações do D.U. com o direito do ordenamento do território são muito estreitas, em termos de ser muito difícil traçar uma linha rigorosa de fronteira entre eles (sobretudo aceitando-se o conceito amplo de D.U. acima referido). De igual modo, são muito intensos os pontos de contacto entre o D.U. e o direito do ambiente. Estes são duas disciplinas jurídicas autónomas, embora estreitamente conexas. Os fortes laços entre eles derivam essencialmente do facto de o D.U. ser influenciado pelo direito do ambiente de modo privilegiado, na medida em que muitas das suas normas (mormente as dos planos urbanísticos) têm também em vista, ainda que de modo indirecto, a protecção do ambiente.

Bibl. F. Alves Correia, *O Plano Urbanístico e o Princípio da Igualdade e As Grandes Linhas da Recente Reforma do Direito do Urbanismo Português;* D. Freitas do Amaral, *Direito do Urbanismo (Sumários);* H. Jacquot, *Droit de l'Urbanisme;* J. Morand-Deviller, *Droit de l'Urbanisme;* T.-Ramón Fernández, *Manual de Derecho Urbanístico;* F. Salvia/F.Teresi, *Diritto Urbanistico;* G. C. Mengoli, *Manuale di Diritto Urbanistico;* Finkelnburg/Ortloff, *Öffentliches Baurecht,* Vol. I e II.

EXECUTORIEDADE

A *Executoriedade* – tradicionalmente designada **privilé-gio ou benefício da execução prévia –** é o poder de que goza a Administração Pública de proceder à execução, com recurso aos seus próprios meios e se necessário coercivamente, dos actos administrativos criadores de deveres para os particulares, no caso do seu cumprimento esbarrar numa resistência activa ou passiva destes, sem necessidade de recorrer aos tribunais. Alguns autores (v.g. Marcello Caetano) incluem no conceito de E. a força obrigatória dos actos administrativos, isto é, a qualidade que os mesmos possuem, à semelhança dos actos legislativos e dos actos jurisdicionais, de obrigarem por si, produzindo efeitos na esfera jurídica de terceiros, independentemente do concurso da vontade dos sujeitos que são os seus destinatários. É, no entanto, mais correcto designar esta característica como *imperatividade* dos actos administrativos, a qual é conatural a todos eles.

O vocábulo E. é utilizado, por vezes, com o sentido de *eficácia* do acto administrativo, o que significa um arrastamento do mesmo para áreas que não são as suas. É o que sucede quando o artigo 25.º, n.º 1, da LPTA (aprovada pelo Decreto-Lei n.º 267/85, de 16 de Julho) determina que só é admissível recurso contencioso dos actos definitivos e "executórios", tal como sucedia quando o artigo 268.º, n.º 3, da CRP (na versão anterior à revisão de 1989) utilizava a expressão "actos administrativos executórios" a propósito da garantia constitucional do recurso contencioso e, bem assim, quando as normas de processo administrativo se referiam ao incidente processual de "suspensão da executoriedade do acto administrativo" [uma identificação entre aqueles dois conceitos aparece ainda no artigo 150.º, n.º 1, do CPA (aprovado pelo Decreto-Lei n.º 442/91, de 15 de Novembro, alterado pelo Decreto-Lei n.º 6/96, de 31 de Janeiro), ao caracterizar, na esteira de parte da doutrina, como "actos não executórios", entre outros, os actos administrativos cuja eficácia esteja suspensa, os actos administrativos de que tenha sido interposto recurso com efeito suspensivo e os actos administrativos sujeitos a um acto de controlo preventivo, como a aprovação]. A E. e a *eficácia* do acto administrativo são, no entanto, dois conceitos claramente distintos, significando o segundo a aptidão do acto para produzir os efeitos jurídicos próprios do seu tipo legal ou outros que a lei lhe atribui – a qual coincide, em termos práticos, com o conceito, muito utilizado na doutrina italiana, de *executividade* do acto administrativo (embora esse atributo seja restringido aos actos exequíveis). A E. pressupõe a *eficácia* do acto administrativo, mas nem todos os actos administrativos eficazes são susceptíveis de execução coactiva pelos próprios órgãos da Administração.

Apesar de estreitamente conexos, os conceitos de E. e de *exequibilidade* têm também um sentido e um alcance diversos. A *exequibilidade* designa a qualidade dos actos administrativos que gozam da possibilidade efectiva de execução, através de actos jurídicos ou de actos materiais *(actos exequíveis)*. A íntima ligação entre os dois conceitos reside na circunstância de a E. não poder ser invocada em relação aos actos administrativos *não exequíveis*, ou seja, em face daqueles que produzem os seus efeitos independentemente de qualquer execução (v.g. uma autorização ou uma revogação).

Questões importantes suscitadas pela E. são a da sua *fundamentação* e a do seu *âmbito de aplicação*. No que toca à primeira, a doutrina mais recente propende a entender que a *presunção de legalidade* e a *imperatividade* dos actos administrativos não são suficientes para justificar a existência daquela figura jurídica e a considerar que o fundamento da E. se encontra no poder de *autotutela executiva* da Administração, isto é, na faculdade que a esta é reconhecida, nos ordenamentos jurídicos que fazem parte do sistema latino-germânico de regime administrativo ou de administração executiva, de lançar mão de procedimentos de execução do acto administrativo, com vista à prossecução de interesses públicos específicos, quando os deveres dele decorrentes não forem voluntariamente cumpridos pelos destinatários.

No que respeita à segunda, a generalidade da doutrina rejeita a concepção da E. como uma manifestação típica e necessária ou como uma característica geral dos actos administrativos, considerando-a, antes, como uma qualificação atribuída apenas a certos actos. De acordo com esta perspectiva, não tem sentido, desde logo, falar de E. a propósito de *actos inexequíveis*, ou seja, daqueles que produzem efeitos imediatamente sem qualquer execução (é o que acontece, para além dos exemplos citados, com a generalidade dos *actos negativos),* e, bem assim, a respeito de actos administrativos que não tenham como conteúdo imediato a criação de deveres para os particulares ou daqueles que, tendo um tal conteúdo, não suscitam, aquando do cumprimento das obrigações que deles emanam, qualquer oposição dos seus destinatários. Ainda segundo o entendimento da referida doutrina, nem todos os actos criadores de deveres para os particulares que se defrontem com a oposição destes podem ser executados coercivamente pela Administração. Uma tal possibilidade apenas deve ser admitida nos casos em que for autorizada pela lei, quando não houver qualquer outro meio para conseguir a obediência do administrado ou em caso de urgência (a qual legitima o recurso à execução forçosa do acto por parte

42   *Alguns Conceitos de Direito Administrativo*

da Administração nas situações em que se demonstrar que uma demora na obtenção da prestação prejudica, de modo insuportável, o interesse público, como sucede, por exemplo, com a remoção de um veículo que perturbe o trânsito na via pública).

A posição acabada de referir não foi, porém, recebida no CPA. Aí consagra-se, antes, a E. como uma *característica geral* dos actos administrativos, estando apenas sujeitos à reserva de lei as *formas e os termos* da execução coerciva. De harmonia com aquele Código, a execução coerciva por via administrativa é legítima em todos os casos em que exista acto administrativo, mesmo que não esteja prevista em qualquer texto legal, exigindo-se apenas que as *formas* de execução e os *termos* em que ela é feita estejam previstos na lei. É o que resulta do artigo 149.º, n.ᵒˢ. 1 e 2, do CPA, no qual se determina que "os actos administrativos são executórios logo que eficazes" (n.º 1) e se prescreve que "o cumprimento das obrigações e o respeito pelas limitações que derivam de um acto administrativo podem ser impostos coercivamente pela Administração sem recurso prévio aos tribunais, desde que a imposição seja feita pelas formas e nos termos previstos neste Código ou admitidos por lei" (n.º 2). O CPA contém, no entanto, uma excepção ao princípio da E. como característica geral dos actos administrativos, ao impor, no artigo 157.º, n.º 3, para além de outras exigências, a observância da reserva de lei quanto à possibilidade de execução coactiva dos actos administrativos criadores de obrigações positivas de prestação de facto infungível, isto é, daqueles que têm por conteúdo o dever de realizar uma actividade estritamente pessoal e que, por isso, apenas o destinatário pode cumprir.

A execução forçosa dos actos administrativos assume diversas modalidades, conforme os deveres do particular que são violados, distinguindo o CPA, nos artigos 154.º a 157.º, a execução para pagamento de quantia certa – a qual segue o

Executoriedade 43

processo de execução fiscal regulado no Código de Processo Tributário, sendo este, no entanto, de acordo com o seu artigo 237.º, um processo em parte jurisdicionalizado –, a execução para entrega de coisa certa e a execução para prestação de facto (fungível e infungível).

Importa, por último, sublinhar que a Administração, ao executar coactivamente os actos administrativos, para além de estar vinculada à observância do *princípio da legalidade,* na dupla dimensão acima assinalada, está adstrita ao cumprimento de vários deveres, designadamente o de praticar previamente, salvo em estado de necessidade, o acto administrativo que legitime a execução (cfr. o art.º 151.º, n.º 1, do CPA); o de notificar a decisão de proceder à execução administrativa ao seu destinatário antes de se iniciar a execução, com a finalidade de lhe dar a oportunidade de cumprir voluntariamente a obrigação decorrente do acto administrativo – o que significa que a execução coerciva por parte da Administração tem lugar apenas como "último recurso" (cfr. o art. 152.º do CPA); o de utilizar os meios estritamente necessários e adequados à realização dos efeitos do acto e aqueles que menores danos causarem aos direitos e interesses dos particulares, respeitando, desse modo, o princípio da *proporcionalidade,* expressamente referido no artigo 266.º, n.º 2, da CRP, e que constitui uma decorrência do princípio do Estado de direito, condensado nos artigos 2.º e 9.º, alínea b), da Lei Fundamental (cfr. o art. 151.º, n.º 2, do CPA); o de observar os direitos fundamentais dos cidadãos consagrados na Constituição e respeitar a dignidade da pessoa humana – exigência que assume especial relevo no domínio da execução coactiva de actos administrativos geradores de obrigações positivas de prestação de facto infungível (cfr. o art. 157.º, n.º 3, do CPA); e o de não praticar actos ou operações de execução que excedam os limites do acto exequendo (cfr. o art. 151.º, n.º 3, do CPA).

Bibl. R. Ehrhardt Soares, *Direito Administrativo*; Rui Machete, *Privilégio da Execução Prévia*, em Dic. Jur. da Adm. Pública, Vol VI.; Marcello Caetano, *Manual de Direito Administrativo*, Vol. I; M. Esteves de Oliveira/Pedro Gonçalves/J. Pacheco de Amorim, *Código do Procedimento Administrativo Comentado*, Vol. II; C. Carbone, *Esecuzione dell'Atto Amministrativo,* en Enc. del Diritto, Vol. XV; M.S. Giannini, *Diritto Amministrativo*, Vol. I e II; G. Vedel/P. Delvolvé, *Droit Administratif,* Vol. I; E. García de Enterría/T.-Ramón Fernández, *Curso de Derecho Administrativo*, Vol. I; H. Maurer, *Allgemeines Verwaltungsrecht.*

FUNCIONÁRIO

Designa uma categoria específica de sujeitos que prestam trabalho na Adm. Pública. De facto, as múltiplas intervenções da Adm. Pública nos sectores económico, social e cultural, próprias de um "Estado social de direito" como o nosso, reclamam a existência de um núcleo significativo de pessoas que nela trabalham, ao abrigo de diferentes vínculos e regimes jurídicos, designadamente através de várias formas de relações jurídicas de emprego público e de relações de emprego de natureza jurídico-privada. A origem da constituição de um corpo profissional de F., enquanto instrumento de exercício do poder público, encontra-se na própria formação do Estado. O conceito de F. – que releva essencialmente do Dir. Adm., embora tenha incidências noutros ramos de direito, como, p. ex., o direito penal (cf. art. 386.º Cód. Penal), onde, aliás, é utilizado com uma maior amplitude compreensiva do que no âmbito daquele – caracteriza-se, no direito positivo português (não é, com efeito, possível encontrar uma definição de F. comum aos vários ordenamentos jurídicos positivos), pela conjugação de várias notas: a submissão a um regime específico de direito público, a integração num lugar do quadro de um serviço ou organismo público (a qual é feita por meio de um acto de **nomeação**, cuja eficácia depende da aceitação do nomeado) e o exercício de modo profissionalizado e com carácter tendencialmente permanente de funções públicas. Os F. exercem a sua profissão, no ordenamento jurídico português, em regra, de acordo com o **sistema de carreira**, uma vez que aquela desenvolve-se segundo condições que se modificam ao longo da sua vida activa (o mesmo não sucede com o **sistema de emprego**, no qual o F. é, em geral, recrutado para um emprego bem determinado e em que a sua situação não se altera com o decurso do tempo).

A noção de F. distingue-se da de **agente** do Estado e de outras pessoas colectivas públicas (ou **agente** administrativo) – termos que são utilizados, quase sempre associadamente, em várias normas constitucionais [cf. arts. 22.º, 199.º, al. e), 243.º, n.º 2, 266.º, n.º2, e 271.º da CRP, na versão da Revisão de 1997]. A distinção entre F. (ou agentes funcionários em sentido estrito) e **agentes** (ou meros agentes ou agentes não funcionários) é tradicional no direito português da função pública, significando a segunda categoria o conjunto de indivíduos que exercem funções próprias de um serviço público, com sujeição ao regime jurídico da função pública, com base num contrato administrativo de provimento (ao contrário do F., que, como se viu, é provido por acto administrativo), com carácter subordinado, mas a título transitório (diferentemente de F., que desempenha funções a título definitivo) e sem integração num quadro (diversamente do que acontece com o F.).

Ao invés dos citados preceitos constitucionais, o artigo 269.º da CRP utiliza, nos seus n.ºs 1 e 2, desde a Revisão de 1982, a fórmula "trabalhadores da Administração Pública", em substituição do vocábulo F., por contraposição aos "demais agentes do Estado e outras entidades públicas". Não é unívoco o sentido da alteração da terminologia constante do mencionado preceito. Segundo alguns autores, a expressão "trabalhadores da Administração Pública" assume um significado muito amplo, abrangendo todos aqueles que trabalham para uma pessoa colectiva de direito público e, por isso, não apenas os funcionários e os agentes (cuja relação jurídica de emprego está sujeita a um regime jurídico específico, mais ou menos distinto do regime laboral comum), mas também os trabalhadores em regime de direito privado, enquanto a locução "demais agentes do Estado e outras entidades públicas" abarca os funcionários sujeitos a um regime público especial, como sucede com os referidos no artigo 270.º da CRP. Segundo outros autores, a expressão "trabalhadores da Administração Pública" tem um sentido mais restrito, já que é sinónima ou equivalente ao termo F. – traduzindo, por isso, uma alteração meramente nominalista –, ao passo que a segunda fórmula engloba os **agentes** do Estado e de outra pessoas colectivas públicas, anteriormente definidos.

Pode, no entanto, afirmar-se com elevada margem de segurança que o legislador constituinte de 1982, ao introduzir nas normas constitucionais citadas a fórmula "trabalhadores da Administração Pública", pretendeu significar que os F. (e, de um modo geral, aqueles que estão vinculados à Adm. Pública por uma relação jurídica de emprego público) devem ser considerados como "trabalhadores" e, consequentemente, ser-lhes reconhecidos os direitos, liberdades e garantias destes últimos previstos na Constituição (arts. 53.º a 57.º) e demais direitos fundamentais dos trabalhadores (arts. 58.º e 59.º), com excepção do direito a constituir comissões dos trabalhadores, que apenas é reconhecido pela Lei Fundamental aos trabalhadores das organizações empresariais (cf. art. 54.º). Um tal estatuto constitucional de "trabalhadores" já não será, porém, reconhecido pelas referidas normas constitucionais aos "demais agentes do Estado e outras pessoas colectivas" (o sentido da contraposição constante dos n.ᵒˢ 1 e 2 do artigo 269.º da Lei Fundamental será, assim, nas palavras do Acórdão do Tribunal Constitucional n.º 103/87, o de traduzir a diferença entre os servidores do Estado e outras pessoas colectivas de direito público a que convém o estatuto constitucional de "trabalhadores" e aqueles outros a que não convém tal estatuto), os quais não gozarão, por conseguinte, de alguns

48 *Alguns Conceitos de Direito Administrativo*

dos específicos direitos fundamentais dos "trabalhadores". É o que se passa com os militares e agentes militarizados dos quadros permanentes em serviço efectivo e, bem assim, com os agentes dos serviços e forças de segurança, em relação aos quais a lei pode estabelecer restrições ao exercício dos direitos de expressão, reunião, manifestação, associação e petição colectiva e à capacidade eleitoral passiva, na estrita medida das exigências das suas funções próprias (cf. o art. 270.º da CRP).

O termo F. não abrange os titulares dos órgãos de soberania (cf. o art.110.º da CRP), nem os titulares de cargos políticos (cf. os arts. 117.º e 118.º da CRP), nem os titulares de cargos públicos (cf. o art. 50.º da CRP) – conceitos estes cujo âmbito normativo-constitucional não é coincidente. A lei pode, no entanto, estender àqueles um ou mais aspectos do regime do funcionalismo público (v.g. regime de previdência, regime de aposentação, etc.).

A CRP contém um acervo de princípios materiais informadores da **função pública** – expressão cuja definição suscita particular dificuldade, dada a diversidade de sentidos com que ela é utilizada e considerando a pluralidade de critérios defendidos para a sua caracterização material. De acordo com o seu sentido mais amplo, designa qualquer actividade exercida no contexto de uma relação jurídica de emprego regida pelo direito público, ao serviço de uma pessoa colectiva pública (Estado, região autónoma, autarquia local, instituto público, associação pública, etc.), independentemente do seu carácter provisório ou definitivo, transitório ou permanente. Tais princípios são essencialmente os seguintes: o princípio do direito de acesso de todos os cidadãos à função pública, em condições de igualdade e liberdade, em regra por via de concurso (art. 47.º, n.º 2) – direito esse que é um verdadeiro direito pessoal, não estando o exercício de funções públicas sujeito a requisitos materialmente distintos daqueles que condicionam, em geral, a liberdade de profissão [o âmbito do referido direito abrange não apenas o direito de acesso (**jus ad officium**), mas também o direito de ser mantido nas funções (**jus in officio**) e, bem assim, **o direito às promoções** dentro da carreira]; o princípio da vinculação dos funcionários e agentes à Constituição e à lei (art. 266.º, n.º 2) e à prossecução, a título exclusivo, do interesse público (art. 269.º, n.º 1), de harmonia, aliás, com o objectivo constitucional da Adm. Pública (art. 266.º, n.º 1) – nele vai implicado, desde logo, o princípio da **neutralidade política** dos funcionários e agentes do Estado e de outras pessoas colectivas públicas [o qual é reforçado com a inexistência, entre nós, salvo algumas excepções (v.g. a nomeação de algumas categorias de pessoal dirigente da Adm. Pública), de um **spoil system**, que coloca a nomeação, transferência e demissão dos funcionários e agentes na dependência da vontade política do governo e do fluir dos ciclos eleitorais] ; o princípio da igualdade do regime dos funcionários e agentes do Estado e dos funcionários e agentes da administração local, podendo, no entanto, a lei determinar, quanto ao regime destes, as adaptações consideradas necessárias (art. 243.º, n.º 2); o princípio da responsabilidade civil, criminal e disciplinar dos funcionários e agentes (em forma solidária com o Estado e as demais entidades públicas – cf. art. 22.º da CRP) pelas acções ou omissões praticadas no exercício das suas funções e por causa desse exercício de que resulte violação dos direitos ou interesses legalmente protegidos dos cidadãos, não dependendo a acção ou procedimento, em qualquer fase, de autorização hierárquica (art. 271.º, n.º 1); o princípio da subordinação hierárquica dos funcionários e agentes que prestam serviço na mesma pessoa colectiva pública e o consequente dever de obediência às ordens e instruções emanadas do legítimo superior hierárquico, cessando, porém, o dever de obediência sempre que o cumprimento das ordens ou instruções implique a prática de qualquer crime (art. 271.º, n.ºs 2 e 3); o princípio da proibição de os funcionários e agentes serem prejudicados ou beneficiados em virtude do exercício de quaiquer direitos políticos previstos na Constituição, nomeadamente por opção partidária (art. 269.º, n.º 2); o princípio das garantias de audiência e defesa dos funcionários e agentes em processo disciplinar (às quais se devem juntar, segundo a doutrina e a jurisprudência constitucionais, e na medida do possível, as regras ou princípios de defesa constitucionalmente estabelecidos para o processo penal) [art. 269.º, n.º 3]; o princípio da proibição de acumulação de empregos ou cargos públicos, salvo nos casos expressamente admitidos por lei (art. 269.º, n.º 4); e o princípio da existência de um elenco de incompatibilidades entre o exercício de empregos ou cargos públicos e o de outras actividades, cabendo à lei a sua definição (art. 269.º, n.º 5).

O estatuto dos F. (ou, mais rigorosamente, estatutos, já que alguns corpos de F. regem-se por estatutos especiais, como, p. ex., os pertencentes às carreiras diplomática, docentes, de investigação científica, médicas e de enfermagem), entendido como o conjunto de normas legais que definem os respectivos poderes, direitos e deveres, está disperso por uma série de diplomas avulsos, podendo citar-se, a título exemplificativo, os que incidem sobre as seguintes matérias: princípios gerais de emprego público, remunerações e gestão de pessoal da Adm. Pública; regime geral de estruturação das carreiras da função pública; regime geral de recrutamento e selecção de pessoal para os quadros da Adm. pública; estatuto do pessoal dirigente dos serviços e organismos da Adm. Pública; regime de férias, faltas e licenças dos funcionários e agentes; estatuto disciplinar dos funcionários e agentes da Adm. Central, Regional e Local; estatuto da aposentação; etc.

De harmonia com o disposto no artigo 165.º, n.º 1, alínea t), da CRP, é da exclusiva competência da Assembleia da República, salvo autorização ao governo, legislar sobre "as bases do regime e âmbito da função pública". O sentido deste preceito é, de acordo com a jurisprudência reiterada e uniforme do Tribunal Constitucional, o de que cabe à Assembleia da República, sem prejuízo da delegação dessa competência ao Governo, a definição das grandes linhas que hão-de inspirar a disciplina jurídica da função pública e demarcar o âmbito institucional e pessoal desse específico regime jurídico. Na reserva daquele órgão de soberania cabe, assim, a definição do quadro dos **princípios básicos** ou **fundamentais** daquela regulamentação, dos seus princípios reitores ou orientadores, princípios que caberá depois ao Governo desenvolver ou concretizar em diplomas complementares. Dado que não existe, porém, neste momento, no nosso país, uma **lei quadro**, na qual se contenham, na sua globalidade, as bases gerais da função pública, torna-se necessário averiguar e estabelecer, a partir dos diversos textos legais relativos à função pública, as **linhas de força estruturais** da sua regulamentação, os **princípios básicos** que a informam e caracterizam, para demarcar a linha de fronteira entre o que pertence ou não à reserva relativa de competência legislativa da Assembleia da República. Não pode, por isso, o Governo, por decreto-lei não alicerçado em autorização legislativa da Assembleia da República, sob pena de inconstitucionalidade orgânica, modificar, derrogar ou revogar algum ou alguns dos referidos **princípios básicos** dispersos pela legislação da função pública (de que acima foram avançados alguns exemplos).

Bibl. Ana Fernandes Neves, **Relação Jurídica do Emprego Público: Movimentos Fractais, Diferença e Repetição;** Marcello Caetano, **Manual de Direito Administrativo,** Vol.

II; João Alfaia, **Conceitos Fundamentais do Regime Jurídico do Funcionalismo Público**, Vol. I; J. J. Gomes Canotilho/ Vital Moreira, **Constituição da República Portuguesa Anotada**; E. Barrachina Juan, **La Función Pública**, 3 Vol. ; J. – M. Auby/ J. – B. Auby, **Droit de la Fonction Publique**; M. S. Giannini, **Impiego Pubblico (Teoria e Storia)**, em Enc. del Diritto, Vol. XX; I. von Münch, **Öffentlicher Dienst**, em P. Badura [et al.], Besonderes Verwaltungsrecht.

Garantias dos Administrados

Podem ser definidas genericamente como os meios ou instrumentos criados pela ordem jurídica, tendo como finalidade directa evitar ou sancionar a violação dos direitos ou interesses legalmente protegidos dos particulares pela Adm. Pública. Esta noção caracteriza-se fundamentalmente por três notas: em primeiro lugar, as G.A. têm uma natureza essencialmente **subjectiva**, isto é, têm como finalidade primacial a defesa dos direitos e dos interesses legalmente protegidos dos cidadãos perante a actuação da Adm. Pública, se bem que com elas estejam estreitamente conexionadas as **garantias da legalidade**, cujo objectivo imediato é prevenir ou reprimir a violação por aquela do direito objectivo – estreita conexão que se traduz, desde logo, na existência de mecanismos ou instrumentos (v.g. o recurso contencioso de anulação de actos administrativos ilegais) que desempenham uma **dupla função** (subjectiva e objectiva), ou seja, que garantem, simultaneamente, o respeito pela Adm. dos direitos ou interesses legalmente protegidos dos particulares e a defesa da legalidade objectiva contra actos ilegais por ela praticados; em segundo lugar, têm as mesmas uma índole **preventiva** ou **repressiva**, conforme se destinem precipuamente a evitar ou a sancionar actos da Adm. lesivos dos direitos ou interesses legalmente protegidos dos cidadãos; em terceiro lugar, as G.A. são constituídas por instrumentos que têm como escopo **directo** e **imediato** a prevenção ou a repressão de actos da Adm. lesivos daqueles direitos ou interesses dos particulares, o que significa que não abrangem aquelas regras ou princípios constitucionais que constituem o fundamento de tais garantias e que só

mediatamente se repercutem nos referidos objectivos, como, p. ex., os princípios do Estado de direito democrático [arts. 2.º e 9.º, al. b), da CRP], da separação e interdependência de poderes (arts. 2.º e 111.º da Lei Fundamental), da subordinação à Constituição das leis e demais actos normativos do poder público (arts. 3.º, n.º 3, e 277.º e ss. da CRP) e da vinculação da Administração à Constituição e à lei, bem como aos princípios da igualdade, da proporcionalidade, da justiça, da imparcialidade e da boa fé (art. 266.º, n.º 2, da CRP).

Em todas as épocas históricas os homens procuraram obter garantias que os pusessem a coberto do arbítrio do poder. Foi, porém, em face da actuação do poder executivo – onde está verdadeiramente o poder – que as preocupações com a criação de um acervo de garantias dos direitos e dos interesses legalmente protegidos dos cidadãos mais intensamente se fizeram sentir. A edificação de um sistema coerente e eficaz de garantias dos administrados ganhou especial acuidade neste século, em especial após a 2ª Grande Guerra, com a passagem de uma Adm. Pública **conservadora** e **abstencionista** a uma Adm. **intervencionista** e **constitutiva** de uma sociedade mais justa e equilibrada, em termos de se afirmar, que o Estado é, hoje, essencialmente, um Estado-Administrador. Mesmos nos Estados que, actualmente, adoptam o figurino neoliberal, o volume e a importância das tarefas da Adm. Pública nada têm a ver com as da Adm. do século XIX, as quais se circunscreviam, em traços gerais, à manutenção da ordem interna e da segurança externa, deixando que a sociedade se desenvolvesse de acordo com a ordem natural das coisas.

As G.A. – as quais não podem ser entendidas como um modelo estável e acabado, já que devem ser objecto de aperfeiçoamentos contínuos – desdobram-se em **garantias políticas**, **garantias administrativas** e **garantias jurisdicionais** (ou **contenciosas**). Trata-se de uma classificação que tem como

critério os órgãos (e também a natureza das funções por eles exercidas) a quem é confiada a efectivação das garantias. As primeiras são efectivadas através de órgãos políticos do Estado, as segundas através dos órgãos da Adm. Pública e as referidas em terceiro lugar por meio de órgãos jurisdicionais (por força do artigo 212.º, n.º 3, da CRP, em regra, através dos tribunais administrativos, e, excepcionalmente, através dos tribunais judiciais).

O exemplo mais importante de **garantias políticas** é o **direito de petição**, condensado no art. 52.º, n.ᵒˢ 1 e 2, da CRP, e disciplinado na Lei n.º 43/90, de 10 de Agosto, alterada pela Lei n.º 6/93, de 1 de Março – direito que é regulado nestes textos normativos juntamente com o direito de formulação pelos cidadãos, individual ou colectivamente, aos órgãos de soberania (ou a qualquer autoridade pública) de representações, reclamações ou queixas para defesa dos seus direitos. Caracteriza-se, em geral, pela apresentação por qualquer cidadão, individual ou colectivamente, a um órgão de soberania, com excepção dos tribunais (designadamente, à Assembleia da República), de um pedido ou de uma proposta, para que ele tome, adopte ou proponha determinadas medidas. Segundo alguns autores, no elenco de **garantias políticas** dos administrados cabe também o **direito de queixa** por acções ou omissões dos poderes públicos ao Provedor de Justiça (art. 23.º da CPR e Lei n.º 9/91, de 9 de Abril, alterada pela Lei n.º 30/96, de 14 de Agosto), mas, na nossa óptica, ele configura, antes, uma garantia dos administrados de tipo novo, distinta das tradicionais garantias de protecção dos cidadãos contra a Adm., que não veio substituí-las, nem rivalizar com elas, mas suprir as suas deficiências. Também o **direito de resistência**, condensado no art. 21.º da Constituição, que comporta o direito de o cidadão não cumprir qualquer ordem, desde que ela seja ofensiva dos seus direitos, liberdades e garantias, e de repelir pela força qualquer agressão, quando

56 *Alguns Conceitos de Direito Administrativo*

não seja possível recorrer à autoridade pública (devendo, neste caso, a actuação do particular respeitar o **princípio da proibição do excesso**, nas suas dimensões de adequação, necessidade e proporcionalidade em sentido estrito), é catalogado por uma boa parte da doutrina como integrando as **garantias políticas** dos administrados. Esta classificação só é, no entanto, aceitável, se com ela se pretender afirmar que estamos perante uma garantia dos administrados de carácter não administrativo e de natureza não jurisdicional. No rigor das coisas, o **direito de resistência** é um meio de auto-tutela dos direitos, liberdades e garantias, que tem lugar, sobretudo, ao nível das relações da Adm. com os particulares.

As **garantias administrativas** dos particulares podem ser do tipo **petitório** ou **impugnatório**. As do primeiro grupo têm um carácter preventivo, uma vez que procuram prevenir, em primeira linha, a lesão dos direitos ou interesses legalmente protegidos dos cidadãos e não pressupõem, por via de regra, um acto da Adm. Pública. São exemplos, entre outros, de "garantias administrativas de tipo petitório": o "direito de petição administrativa" (faculdade de dirigir pedidos à Adm., para que esta tome certas decisões ou adopte determinadas providências); o "direito de representação" (exposição destinada a manifestar opinião contrária da perfilhada por um órgão da Adm. ou a chamar a atenção de uma autoridade administrativa relativamente a certa situação ou acto, com vista à sua revisão ou à ponderação dos seus efeitos); o "direito de queixa" (que consiste na denúncia de qualquer inconstitucionalidade ou ilegalidade praticada por um órgão administrativo do Estado ou de outra pessoa colectiva pública, bem como do funcionamento anómalo de qualquer serviço da Adm., com a finalidade de obter a punição dos responsáveis); e o "direito de oposição administrativa" (faculdade reconhecida aos contra-interessados em qualquer procedimento administrativo, isto é, às pessoas cujos

Garantias dos Administrados 57

direitos ou interesses legalmente protegidos possam ser lesados por actos a praticar nesse procedimento, de nele intervirem, de modo a prevenirem a efectivação dessa violação – arts. 55.º, 59.º e 171.º do CPA).

Por sua vez, as "garantias administrativas de carácter impugnatório" são aquelas em que os particulares, em face de um acto administrativo, têm a possibilidade de o atacar, com determinados fundamentos, perante os próprios órgãos da Adm. Pública (têm, por isso, uma natureza repressiva ou sancionatória). Revestem as seguintes modalidades: **reclamação**, **recurso hierárquico** (em sentido próprio), **recurso hierárquico impróprio** e **recurso tutelar**. A primeira consiste num pedido de reapreciação do acto administrativo dirigido ao seu autor. Tem carácter facultativo e tanto pode ter como fundamento a ilegalidade, como a inconveniência do acto administrativo impugnado [arts. 158.º, n.º 2, al. a), e 159.º do CPA]. O segundo é um meio de impugnação de um acto administrativo perante o superior hierárquico do órgão que o praticou, tendo como finalidade a sua revogação ou a sua modificação [arts. 158.º, n.º 2, al. b), e 166.º do CPA). O seu fundamento é também a ilegalidade ou a inconveniência do acto administrativo, podendo, além disso, revestir a modalidade de **necessário** ou **facultativo**, consoante o acto a impugnar seja ou não insusceptível de recurso contencioso imediato (art. 167.º do CPA).

O recurso hierárquico **necessário** deve ser interposto no prazo (geral) de 30 dias [de acordo, porém, com a jurisprudência administrativa mais recente, a extemporaneidade da interposição do recurso hierárquico necessário não acarreta automaticamente a do recurso contencioso (no caso de o vício de ilegalidade de que enferma o acto originar a sua anulabilidade), de modo que, se o superior hierárquico conhecer do recurso interposto fora do prazo, poderá prosseguir o recurso contencioso contra essa decisão expressa] e suspende, em regra, a

58 *Alguns Conceitos de Direito Administrativo*

eficácia do acto recorrido (de registar que o Tribunal Constitucional decidiu, na esteira de uma boa parte da doutrina e da jurisprudência administrativa, numa pluralidade de arestos, designadamente nos Acórdãos n.ºs 603/95, 499/96 e 1143/96, não julgar inconstitucionais várias normas que impõem para os actos praticados por subalternos no caso de competência concorrente com o órgão superior uma impugnação administrativa como pressuposto do recurso contencioso, desde que tais normas não obstem à posterior interposição do recurso contencioso, nem afectem a sua utilidade), ao passo que o recurso hierárquico **facultativo** tem de ser interposto dentro do prazo estabelecido para o recurso contencioso do acto em causa e não suspende a eficácia do acto recorrido (arts. 168.º e 170.º do CPA).

O **recurso hierárquico impróprio** abrange quer a impugnação do acto administrativo dirigida a um órgão da mesma pessoa colectiva a que pertence o órgão que o praticou e que exerce sobre este um poder de supervisão, fora do âmbito da hierarquia administrativa (art. 176.º, n.º 1, do CPA), quer a impugnação (apenas admissível nos casos expressamente previstos na lei) dos actos administrativos praticados por qualquer dos membros de um órgão colegial para este mesmo órgão (art. 176.º, n.º 2, do CPA). Por seu lado, o **recurso tutelar** é o meio impugnatório que tem por objecto um acto administrativo praticado por um órgão de uma pessoa colectiva pública perante outro órgão de outra pessoa colectiva de direito público que sobre aquele exerça poderes de tutela (administração autónoma) ou poderes de superintendência (administração indirecta) – recurso que tem natureza excepcional (só existe nos casos expressamente contemplados na lei) e tem, em princípio, carácter facultativo (art. 177.º do CPA).

As garantias jurisdicionais – que têm sempre como fundamento a ilegalidade de um acto, omissão ou comportamento da Adm. – apresentam, no contexto das garantias dos administra-

Garantias dos Administrados

dos, uma importância particular e são potencialmente mais eficazes do que as garantias políticas e administrativas, dado que são efectivadas através de tribunais [que são, em regra, como se acentuou, os tribunais administrativos – arts. 209.º, n.º 1, al. b), e 212.º, n.º 3, da CRP], isto é, de órgãos independentes e imparciais, que decidem de harmonia com a lei ou com critérios por ela definidos, tendo como fim específico a realização do direito ou da justiça, sendo as suas decisões obrigatórias para todas as entidades públicas e privadas e prevalecendo sobre as de quaisquer outras autoridades (arts. 203.º e 205.º, n.º 2, da CRP). As "garantias jurisdicionais ou contenciosas dos administrados" (que alguns preferem designar "justiça administrativa") são definidas pela doutrina administrativista mais recente como "o conjunto institucional ordenado normativamente à resolução de questões de direito administrativo, nascidas de relações jurídico-administrativas externas, atribuídas à ordem judicial administrativa e a julgar segundo um processo administrativo específico" (trata-se de uma noção estrita de "garantias jurisdicionais", que reúne e combina os seus aspectos material, funcional e orgânico-processual).

No campo específico das garantias jurisdicionais dos administrados, as Revisões Constitucionais de 1982, 1989 e 1997 introduziram modificações de grande alcance. Enquanto o n.º 2 do art. 269.º da Constituição de 1976, na sua versão originária, garantia apenas o tradicional recurso contencioso, com fundamento em ilegalidade, contra quaisquer actos administrativos "definitivos e executórios", os actuais n.ºs 4 e 5 do art. 268.º (redacção da Lei Constitucional n.º 1/97) asseguram aos administrados uma **tutela jurisdicional efectiva** (cf. também o art. 20.º da CRP) dos seus direitos ou interesses legalmente protegidos, incluindo, nomeadamente, o reconhecimento desses direitos ou interesses, a impugnação de quaisquer actos administrativos que os lesem, independentemente da sua forma, a

60   *Alguns Conceitos de Direito Administrativo*

determinação da prática de actos administrativos legalmente devidos e a adopção de medidas cautelares adequadas (n.º 4), bem como o direito de impugnar as normas administrativas com eficácia externa lesivas dos seus direitos ou interesses legalmente protegidos (n.º 5).

Vale a pena sublinhar os traços fundamentais das garantias jurisdicionais dos administrados plasmados no vigente texto constitucional: a consagração do princípio da tutela jurisdicional efectiva dos direitos ou interesses legalmente protegidos dos cidadãos, isto é, o princípio da plenitude da garantia jurisdicional administrativa, o que aponta para a obrigação de o legislador consagrar os instrumentos processuais necessários à sua concretização; o carácter eminentemente subjectivo da protecção dos direitos ou interesses legalmente protegidos dos particulares; o direito à impugnação dos actos administrativos lesivos daqueles direitos ou interesses (englobando, por isso, os actos administrativos praticados sob a forma de lei ou regulamento); a variedade dos meios ou instrumentos processuais de protecção jurisdicional dos direitos ou interesses legalmente protegidos dos particulares [deles fazem parte, designadamente, o recurso contencioso de anulação, as acções administrativas (incluindo as acções para o reconhecimento de direitos ou interesses legalmente protegidos), as intimações para a prática de actos administrativos legalmente devidos, as medidas cautelares adequadas (e não apenas a tradicional "suspensão da eficácia do acto administrativo") e a impugnação directa dos regulamentos administrativos]. Vários destes instrumentos ou meios de protecção jurisdicional dos administrados já estão regulados no direito processual administrativo positivo. Mas a nova redacção dos n.ºs 4 e 5 do art. 268.º da Lei Fundamental exige do legislador não só o aperfeiçoamento dos actuais instrumentos processuais, mas também a criação de novos meios, a fim de tornar operativo o amplo e rico "princípio da tutela juris-

Garantias dos Administrados

dicional efectiva" dos direitos ou interesses legalmente protegidos dos administrados.

Bibl. R. Ehrhardt Soares, **Administração Pública e Controlo Judicial**, em Rev. Leg. e Jurisp., ano 127.º (n.º 3845); D. Freitas do Amaral, **Direito Administrativo**, Vol. IV (polic.); Marcelo Rebelo de Sousa, **Lições de Direito Administrativo I**; J. C. Vieira de Andrade, **Direito Administrativo e Fiscal** (polic.); E. García de Enterría / T-Ramón Fernández, **Curso de Derecho Administrativo**; G. Vedel / P. Delvolvé, **Droit Administratif**; M. S. Giannini; **Diritto Amministrativo**; W. Schmitt Glaeser, **Verwaltungsprozessrecht**.

Município

É a mais importante das autarquias locais existentes, actualmente, no nosso país – as quais são definidas no art. 235º, nº 2, da CRP (versão de 1997) como "pessoas colectivas territoriais dotadas de órgãos representativos, que visam a prossecução de interesses próprios das populações respectivas". As espécies de autarquias locais são, no Continente, as freguesias, os M. e as regiões administrativas (estas ainda não instituídas em concreto, dado que a "consulta directa, de alcance nacional e relativa a cada área regional", realizada, para esse efeito, no dia 8 de Novembro de 1998, por exigência do art. 256º, nº 1, da CRP, não obteve o voto favorável expresso da maioria dos cidadãos eleitores que nela se pronunciaram) e, nas regiões autónomas dos Açores e da Madeira, as freguesias e os M. (art. 236º, nos 1 e 2, da CRP). O elenco das autarquias locais não é, porém, um **conjunto fechado**, uma vez que, segundo o art. 236º, nº 3, da CRP, nas **grandes áreas urbanas** e nas **ilhas**, a lei poderá estabelecer, de acordo com as suas condições específicas, **outras formas** de organização territorial autárquica. A existência de autarquias locais resulta directamente da CRP, que as considera como uma **componente essencial** da organização democrática do Estado, e corresponde, por isso, a um **princípio estruturante** da nossa organização política e administrativa. As autarquias locais são, assim, pessoas colectivas públicas, de base territorial , que prosseguem interesses próprios das populações respectivas (autodeterminação), através de órgãos

64 *Alguns Conceitos de Direito Administrativo*

representativos, eleitos pelos residentes na área. Diz-se, tradicionalmente, por isso, que são pessoas colectivas de **população** (visam a satisfação de interesses próprios das pessoas aí residentes) e de **território**.

As origens dos M. – também designados **concelhos** – têm despertado viva controvérsia. Alexandre Herculano vê a sua origem no município romano. Outros autores, como Shanchez Albornoz e Marcello Caetano, opinam que grande parte dos nossos concelhos medievais se explica pela ambiência da Reconquista, traduzida na necessidade de os homens de um mesmo povoado decidirem em conjunto, eles próprios, sobre os problemas das águas, das pastagens e das novas terras a cultivar, na ausência dos nobres e bispos e dos proprietários das terras, refugiados nas Astúrias, logo após a invasão muçulmana. Nos fins do século XI, iniciou-se a outorga de **forais** aos concelhos (diplomas concedidos pelo rei, ou por um senhor laico ou eclesiástico, contendo normas que disciplinavam as relações dos seus povoadores ou habitantes entre si e destes com a entidade outorgante), fenómeno que ganhou um forte impulso nos dois séculos seguintes. Em 1497, no reinado de D. Manuel I, iniciou-se a **reforma dos forais**, que se estendeu até 1520, através da outorga de forais novos (denominados **manuelinos**). Todavia, os M., com o figurino que, hoje, apresentam, receberam uma marca importante da Revolução Liberal. De facto, as Constituições portuguesas do século XIX, os Códigos Administrativos que se sucederam durante o período liberal e as reformas na organização municipal levadas a cabo na referida época histórica (designadamente, o Decreto nº 23, de 16/05/1832, de Mouzinho da Silveira, que, entre outros aspectos, retirou às câmaras municipais funções jurisdicionais, fazendo delas apenas órgãos administrativos, e o Decreto de 06/11/1836, do Governo de Passos Manuel, que reduziu drasticamente o número de concelhos, através da

Município 65

supressão de 498 e da criação de 21, ficando o seu número total, no Continente, limitado a 351) moldaram decisivamente a administração municipal dos nossos dias. Enfim, a CRP de 1976, na sua versão actual, reserva ao "Poder Local" um título autónomo, fora da Administração do Estado (o Título VIII), constituído fundamentalmente pelas autarquias locais, enquanto entidades públicas territoriais, distintas do ente público territorial Estado.

As **atribuições** dos M. são os fins ou os interesses próprios da respectiva população, isto é, os assuntos ou as tarefas que se relacionam específica e directamente com aquela comunidade local e que por ela devem ser prosseguidos em auto-responsabilidade. O direito e a capacidade efectiva de os M. regulamentarem e gerirem, sob a sua responsabilidade, nos termos da Constituição e da lei (arts. 6º, nº 1, 235º, nº 2, e 237º, nº 1, da CRP), uma parte importante dos assuntos públicos caracterizam, de harmonia com o art. 3º, nº 1, da Carta Europeia de Autonomia Local (1985), o conceito de **autonomia local** (ou de autonomia das autarquias locais, que engloba a autonomia dos M.). A **autonomia das autarquias locais** é um elemento essencial da estrutura **unitária** do Estado português (art. 6º, nº 1, da CRP) e constitui um limite material da revisão da Constituição [al. n) do art. 288º da CRP]. A **autonomia local**, como autonomia de acção face ao Estado, como liberdade de acção em face das instituições estaduais e à margem do controlo de mérito, constitui uma garantia do **pluralismo** dos poderes públicos e uma forma de **limitação** do poder político. Ela é, pois, nessa medida, um importante factor de enriquecimento e de aprofundamento da democracia.

Hoje, não há uma linha de separação rigorosa entre os interesses nacionais, prosseguidos pelo Estado, e os interesses municipais, realizados pelos M.. Muitas tarefas administrativas constituem, na verdade, um **condomínio** de atribuições do

66   *Alguns Conceitos de Direito Administrativo*

Estado e dos M., na medida em que elas coenvolvem, simultaneamente, interesses gerais, estaduais ou nacionais e interesses locais, em particular dos M. (como sucede com as matérias de ordenamento do território e de urbanismo – art. 65º, nº 4, da CRP). Além disso, muitas delas são (ou devem ser) levadas a cabo em regime de **colaboração** ou de **cooperação** entre o Estado e os M..

As **atribuições** do M. – reguladas, actualmente, na Lei nº 159/99, de 14 de Setembro – são definidas, nos termos dos arts. 6º, nº 1, e 237º, nº 1, da CRP, de harmonia com os princípios da **descentralização administrativa** (ou seja, mediante a transferência de um núcleo substancial de tarefas do Estado para os M., tendo por finalidade reforçar a sua actuação, aprofundar a participação dos cidadãos na vida pública, promover a eficiência e a eficácia da gestão pública e assegurar os direitos dos administrados) e da **subsidiariedade** (isto é, com base no reconhecimento de que as funções administrativas devem ser exercidas pelo nível da administração melhor colocado para as prosseguir com racionalidade, eficácia e proximidade aos cidadãos). Para o exercício das suas **atribuições**, dispõem os M. de **órgãos**, que expressam a vontade destes entes públicos, e estão dotados de um acervo de **competências,** o mesmo é dizer, de um naipe de **poderes funcionais**. Os **órgãos** representativos dos M. são a **assembleia municipal** (órgão deliberativo) e a **câmara municipal** (órgão executivo). A primeira é constituída pelos presidentes das juntas de freguesia e por membros eleitos directamente, segundo o sistema de representação proporcional, pelos cidadãos eleitores recenseados na área do M., em número igual ao daqueles mais um. A segunda é constituída por um presidente e por vereadores, um dos quais designado vice-presidente, os quais são, actualmente, eleitos, também de acordo com o método de representação proporcional, pelos cidadãos eleitores recenseados na área do M. (e sendo o presidente da câmara municipal o primeiro candidato da lista mais votada) – arts. 250° a 252° da CRP. Há quem considere, no entanto, que o **presidente da câmara municipal** é igualmente um **órgão** do M., atendendo às amplas **competências próprias** que a lei lhe vem conferindo (art. 68° da Lei n° 169/99, de 18 de Setembro).

O art. 239°, n° 3, da CRP, na redacção de 1997, veio, no entanto, abrir ao legislador um **leque de alternativas** quanto à **constituição** e ao **método de eleição** do órgão executivo colegial do M., ao determinar que este "é constituído por um número adequado de membros, sendo designado presidente o primeiro candidato da lista mais votada para a assembleia ou para o executivo, de acordo com a solução adoptada na lei, a qual regulará também o processo eleitoral, os requisitos da sua constituição e destituição e o seu funcionamento".

Elemento decisivo da **autonomia** dos M. é a possibilidade de disporem de património e finanças próprios (**autonomia patrimonial** e **financeira**), cuja gestão cabe aos respectivos órgãos (art. 238° da CRP, art. 9° da Carta Europeia de Autonomia Local e Lei n° 42/98, de 6 de Agosto, alterada, sucessivamente, pelas Leis n°s 87-B/98, de 31 de Dezembro, 3-B//2000, de 4 de Abril, 15/2001, de 5 de Junho, e 94/2001, de 20 de Agosto). As receitas dos M. incluem obrigatoriamente as provenientes da gestão do seu património e as cobradas pela utilização dos seus serviços (art. 238°, n° 3, da CRP), as resultantes da participação nas receitas provenientes dos impostos directos do Estado (art. 254°, n° 1, da CRP), as derivadas da cobrança de impostos destinados pela lei aos M., as procedentes de fundos que visam a justa repartição dos recursos públicos pelo Estado e pelos M. e a necessária correcção de desigualdades entre os M. e, bem assim, as oriundas de receitas tributárias próprias, nos termos da lei (arts. 238°, n°s 2

68 *Alguns Conceitos de Direito Administrativo*

e 4, e 254°, n° 2, da CRP, e Lei n° 42/98, de 6 de Agosto). Mas são, de igual modo, manifestações essenciais da **autonomia** dos M. o **poder regulamentar próprio** (**autonomia regulamentar**), ou seja, a possibilidade de elaboração e aprovação de regulamentos sobre as matérias das suas atribuições, dotados de eficácia externa (art. 241° da CRP), a faculdade da prática de actos administrativos, apenas sujeitos a impugnação contenciosa (**autonomia administrativa**), a liberdade, dentro dos limites da lei, de definição da **estrutura orgânica** dos serviços municipais (**autonomia organizatória**) e a disponibilidade de **quadros de pessoal próprio**, nos termos da lei (art. 243° da CRP).

A exiguidade do espaço municipal em relação aos serviços que os M. têm de desenvolver e que exigem uma implantação mais vasta do que a área daqueles (v. g., serviços de transportes, serviços de captação e de abastecimento de água, serviços de saneamento básico e de tratamento de águas residuais, serviços de recolha e tratamento de resíduos sólidos urbanos, etc.) vem gerando um forte impulso para o estabelecimento de formas jurídicas de **cooperação intermunicipal**, sendo a mais significativa a constituição de **associações de municípios**, definidas pela lei como pessoas colectivas de direito público, criadas por dois ou mais municípios, para a realização de interesses específicos comuns (art. 253° da CRP e Lei n° 172/99, de 21 de Setembro). A **interdependência** dos problemas de vários M., que leva a que muitas das suas atribuições devam ser desenvolvidas em conjugação de esforços com outros M. (v.g., o planeamento urbanístico), ganha um relevo e um significado particulares nas denominadas **áreas metropolitanas** ou nas **grandes áreas urbanas**. Foi, neste contexto, que o legislador criou as **áreas metropolitanas de Lisboa e do Porto**, as quais são pessoas colectivas de direito público de âmbito territorial e que visam a prossecução de

Município 69

interesses próprios das populações da área dos municípios integrantes (art. 236°, n° 3, da CRP e Lei n° 44/91, de 2 de Agosto) . Os seus principais órgãos dirigentes – a **assembleia metropolitana** e a **junta metropolitana** – não são, no entanto, eleitos directamente pelos cidadãos residentes, pelo que, tal como são configuradas pela Lei n° 44/91, não são autarquias locais.

A **autonomia** dos M. é de índole administrativa (ao contrário das Regiões Autónomas dos Açores e da Madeira, que gozam de autonomia política, legislativa e administrativa e estão dotadas de órgãos de governo próprio) e desenvolve-se no quadro de um Estado **unitário**, estando, por isso, a actividade e a gestão exercidas pelos seus órgãos sujeitas a uma certa intervenção do Estado, designada por **tutela administrativa**. Esta consiste na verificação do cumprimento da lei por parte dos órgãos dos M. e é exercida nos casos e segundo as formas previstas na lei (art. 242° da CRP e Lei n° 27/96, de 1 de Agosto). A **tutela administrativa** exercida pelo Estado sobre as autarquias locais, em geral, e sobre os M., em particular, é uma mera **tutela de legalidade**, com exclusão da **tutela de mérito**, isto é, daquela que visa controlar a conveniência ou a oportunidade dos actos praticados pelos órgãos das autarquias locais, e que é incompatível com a **autonomia**, constitucionalmente garantida, daqueles entes públicos territoriais.

Bibl. D. Freitas do Amaral, **Curso de Direito Administrativo**, Vol. I, 2ª ed., Coimbra, Almedina, 1994; A. Cândido de Oliveira, **Direito das Autarquias Locais**, Coimbra, Coimbra Editora, 1993; Marcello Caetano, **História do Direito Português (1140-1495)**, Lisboa, Verbo, 1981; M. J. Almeida Costa, **História do Direito Português**, 3ª ed., Coimbra, Almedina, 2000; J. Casalta Nabais, **A Autonomia Local**, em Núm. Esp. Bol. Fac. de Direito de Coimbra, 1993; A. de Jesus Ferreira Pinto, **Município**, em Dic. Jur. da Adm. Pública, Vol. VI, Lisboa, 1994; F. Alves Correia, **Formas Jurídicas de Cooperação Intermunicipal**, em Núm. Esp. Bol. Fac. de Direito de Coimbra,1986; E. García de Enterría/T.- Ramón Fernández, **Curso de Derecho Administrativo I**, 8ª ed., Madrid, Civitas, 1997; Ramón Parada, **Derecho Administrativo**, II, 11ª ed., Madrid, Pons, 1997; J. Rivero/J. Waline, **Droit Administratif**, 14ª ed., Paris, Dalloz, 1992; C. Debbasch, **Institutions et Droit Administratifs**, I, 4ª ed., Paris, Puf, 1991; E. Gizzi, **Manuale di Diritto Regionale**, 6ª ed., Milano, Giuffrè, 1991; R. Galli, **Corso di Diritto Amministrativo**, 2ª ed., Padova, Cedam, 1996; C. A. Cross, **Principles of Local Government Law**, 5ª ed., London, 1974; E. Schmidt-Assmann, **Kommunalrecht**, em P. Badura [et al.], **Besonderes Verwaltungsrecht**, 10ª ed., Berlin; New Iork, W. de Gruyter, 1995.

F. Alves Correia

ÍNDICE

Nota Prévia	5
Nota Prévia à 2.ª Edição	7
Acto Administrativo	11
Administração Pública	17
Associação	21
Centralização	25
Direito Administrativo	31
Direito do Urbanismo	37
Executoriedade	43
Funcionário	51
Garantias dos Administrados	61
Município	63
Índice	71